YJ 730

L'INDISCRET,

COMEDIE,

DE M. DE VOLTAIRE.

Le prix est de 20. sols.

De Beauchamps

Y. 5789
+2 B.

A PARIS, QUAY DES AUGUSTINS,

Chez

NOEL PISSOT, à la descente du Pont. Neuf, à la Croix d'Or,

ET

FRANÇOIS FLAHAULT, du côté du Pont. S. Michel, au Roy de Portugal.

M. DCC. XXV.

AVEC PRIVILEGE DU ROY.

ACTEURS.

EUPHEMIE.

DAMIS.

HORTENSE.

TRASIMON.

CLITANDRE.

NERINE.

PASQUIN.

Plusieurs Laquais de Damis.

A MADAME

LA MARQUISE

DE ✶✶✶.

VOUS, qui poffedez la beauté
Sans être vaine, ni coquette,
Et l'extrême vivacité,
Sans être jamais indifcrette:
Vous, à qui donnerent les Dieux
Tant de lumieres naturelles,
Un efprit jufte, gracieux,
Solide dans le ferieux,

Et charmant dans les bagatelles ;
Souffrez, qu'on presente à vos yeux
L'aventure d'un téméraire,
Qui perd ce qu'il aime le mieux,
Pour s'être vanté de trop plaire.

Si l'Héroïne de la Piece
* * * , eût eû votre beauté,
On excuseroit la foiblesse
Qu'il eût de s'être un peu vanté.
Quel Amant ne seroit tenté
De parler de telle Maîtresse
Par un excès de vanité,
Ou par un excès de tendresse ?

L'INDISCRET,

COMEDIE.

SCENE PREMIERE.

EUPHEMIE, DAMIS.

EUPHEMIE.

N'Attendez pas mon Fils, qu'avec un ton severe
Je déploïe à vos yeux l'autorité de Mere.
Toûjours prête à me rendre à vos justes raisons,
Je vous donne un conseil, & non pas des leçons.
C'est mon cœur qui vous parle ; & mon experience
Fait que ce cœur pour vous se trouble par avance.

A

Depuis deux mois au plus vous êtes à la Cour.

Vous ne connoiffez pas ce dangereux féjour.

Sur un nouveau venu le Courtifan perfide

Avec malignité jette un regard avide ;

Penetre fes défauts, & dès le premier jour,

Sans pitié le condamne, & même fans retour.

Craignez de ces Mefficurs la malice profonde.

Le premier pas, mon Fils, que l'on fait dans le monde,

Eft celui dont dépend le refte de nos jours.

Ridicule une fois, on vous le croit toûjours.

L'impreffion demeure. En vain croiffant en âge,

On change de conduite, on prend un air plus fage.

On fouffre encor long-temps de ce vieux préjugé.

On eft fufpect encor, lorfqu'on eft corrigé ;

Et j'ai vû quelquefois païer dans la vieilleffe

Le tribut des défauts, qu'on eût dans la jeuneffe.

Connoiffez donc le monde, & fongez qu'aujourd'hui

Il faut que vous viviez pour vous, moins que pour lui.

DAMIS.

Je ne fçais où peut tendre un fi long préambule.

EUPHEMIE.

Je vois qu'il vous paroît injufte & ridicule.

Vous méprisez des soins pour vous bien importans ,

Vous m'en croirez un jour : il n'en sera plus temps.

Vous êtes indiscret. Ma trop longue indulgence

Pardonna ce défaut au feu de vôtre enfance :

Dans un âge plus mûr , il cause ma fraïeur ;

Vous avez des talens , de l'esprit , & du cœur ;

Mais croïez qu'en ce lieu tout rempli d'injustices ,

Il n'est point de vertu , qui rachette les vices ,

Qu'on cite nos défauts en toute occasion ,

Que le pire de tous est l'indiscretion ,

Et qu'à la Cour , mon Fils , l'Art le plus necessaire

N'est pas de bien parler , mais de sçavoir se taire ;

Ce n'est pas en ce lieu , que la societé

Permet ces entretiens remplis de liberté ;

Le plus souvent ici l'on parle sans rien dire ,

Et les plus ennuïeux sçavent s'y mieux conduire.

Je connois cette Cour. On peut fort la blâmer ;

Mais lors qu'on y demeure il faut s'y conformer.

Pour les Femmes sur tout , plein d'un égard extrême ,

Parlez-en rarement , encor moins de vous-même.

Paroissez ignorer ce qu'on fait , ce qu'on dit ,

Cachez vos sentimens , & même vôtre esprit.

Sur tout de vos secrets soïez toûjous le maître ;

Qui dit celui d'autrui, doit passer pour un traître,

Qui dit le sien, mon Fils, passe ici pour un sot,

Qu'avez-vous à répondre à cela ?

DAMIS.

Pas le mot,

Je suis de votre avis : je hais le caractere

De quiconque n'a pas le pouvoir de se taire ;

Ce n'est pas-là mon vice ; & loin d'être entiché

Du défaut, qui par vous m'est ici reproché,

Je vous avoüe enfin, Madame, en confidence,

Qu'avec vous trop long-temps j'ai gardé le silence

Sur un fait, dont pourtant j'aurois dû vous parler ;

Mais souvent dans la vie il faut dissimuler.

Je suis Amant aimé d'une Veuve adorable,

Jeune, charmante, riche, aussi sage qu'aimable,

C'est Hortense. A ce nom, jugez de mon bonheur,

Jugez, s'il étoit sçû, de la vive douleur

De tous nos Courtisans, qui soûpirent pour elle.

Nous leur cachons à tous notre ardeur mutuelle.

L'amour depuis deux jours a serré ce lien,

Depuis deux jours entiers ; & vous n'en sçavez rien.

EUPHEMIE.

Mais j'étois à Paris depuis deux jours.

DAMIS.

Madame,

On n'a jamais brûlé d'une si belle flâme.

Plus l'aveu vous en plaît, plus mon cœur est content,

Et mon bonheur s'augmente en vous le racontant.

EUPHEMIE.

Je suis sûre, Damis, que cette confidente

Vient de votre amitié, non de votre imprudence.

DAMIS.

En doutez-vous?

EUPHEMIE.

Eh! eh!... mais enfin entre nous,

Songez au vrai bonheur, qui vient s'offrir à vous.

Hortense a des appas; mais de plus cette Hortense,

Est le meilleur Parti qui soit pour vous en France.

DAMIS.

Je le sçai.

EUPHEMIE.

D'elle seule elle reçoit des loix,

Et le don de sa main dépendra de son choix.

A iij

DAMIS.

Et tant mieux.

EUPHEMIE.

Vous fçaurez flatter fon caractere,
Ménager fon efprit.

DAMIS.

Je fais mieux, je fçai plaire.

EUPHEMIE.

C'eft bien dit ; mais, Damis, elle fuït les éclats,
Et les airs trop bruïans ne l'accommodent pas.
Elle peut, comme une autre, avoir quelque foibleffe ;
Mais jufques dans fes goûts elle a de la fageffe,
Craint fur-tout de fe voir en fpectacle à la Cour,
Et d'être le fujet de l'hiftoire du jour.
Le fecret, le miftere eft tout ce qui la flatte.

DAMIS.

Il faudra bien pourtant qu'enfin la chofe éclatte.

EUPHEMIE.

Mais près d'elle en un mot quel fort vous a produit?
Nul jeune homme jamais n'eft chez elle introduit.
Elle fuït avec foin, en perfonne prudente,
De nos jeunes Seigneurs la cohuë éclatante.

DAMIS.

Ma foi chez elle encor je ne fuis point reçû.

Je l'ai long-temps lorgnée, & grace au Ciel j'ai plû.

D'abord elle rendit mes billets fans les lire ;

Bien-tôt elle les lût, & daigne enfin m'écrire.

Depuis près de deux jours je goûte un doux efpoir ;

Et je dois en un mot l'entretenir ce foir.

EUPHEMIE.

Eh bien, je veux auffi l'aller trouver moi-même.

La Mere d'un Amant qui nous plaît, qui nous aime,

Eft toûjours que je croi reçuë avec plaifir.

De vous adroitement je veux l'entretenir,

Et difpofer fon cœur à preffer l'hymenée,

Qui fera le bonheur de votre deftinée.

Obtenez au plûtôt & fa main, & fa foi.

Je vous y fervirai, mais n'en parlez qu'à moi.

DAMIS.

Non, il n'eft point ailleurs, Madame, je vous jure,

Une Mere plus tendre, une amitié plus pure ;

A vous plaire à jamais je borne tous mes vœux.

EUPHEMIE.

Soïez heureux, mon Fils, c'eft tout ce que je veux.

SCENE II.

DAMIS, *seul.*

MA Mere n'a point tort, je ſçai bien qu'en ce monde
Il faut, pour réüſſir, une adreſſe profonde.
Hors dix ou douze Amis, à qui je puis parler,
Avec toute la Cour je vais diſſimuler.
Ça pour mieux eſſaïer cette prudence extrême,
De nos ſecrets ici ne parlons qu'à nous-même.
Examinons un peu ſans témoins, ſans jaloux,
Tout ce que la Fortune a prodigué pour nous.
Je ſuis dans une Cour, qu'une Reine nouvelle
Va rendre plus brillante, & plus vive & plus belle.
Je ne ſuis pas trop vain ; mais entre nous je croi
Avoir tout-à-fait l'air d'un favori du Roi.
Je ſuis jeune, aſſez beau, vif, galant, fait à peindre,
Je ſçai plaire au beau Sexe, & ſur-tout je ſçai feindre.
Colonel à treize ans ; je penſe avec raiſon,
Que l'on peut à trente ans m'honorer d'un bâton.

Heureux en ce moment, heureux en esperance,
Je garderai Julie , & vais avoir Hortense.
Possesseur une fois de toutes ses beautez ,
Je lui ferai par jour vingt infidelitez ;
Mais sans troubler en rien la douceur du ménage ,
Sans être soupçonné , sans paroître volage ,
Avec cet air aisé , que j'attrape si bien ,
Je vais être de plus maître d'un très-gros bien.
Ah ! que je vais tenir une table excellente !
Hortense a bien ; je crois , cent mille francs de rente.
J'en aurai tout autant ; mais d'un bien clair & net.
Que je vais désormais couper au Lansquenet !

SCENE III.
DAMIS, TRASIMON.
DAMIS.

EH ! bonjour Commandeur.

TRASIMON.

Aïe ! ouf! on m'estropie...

DAMIS.

Embrassons-nous encor , Commandeur, je te prie.

TRASIMON.

Souffrez ...

DAMIS.

Que je t'étouffe une troisiéme fois.

TRASIMON.

Mais quoi ?

DAMIS.

Déride un peu ce renfrogné minois.
Réjoüis-toi , je suis le plus heureux des hommes.

TRASIMON.

Je venois pour vous dire...

DAMIS.

Oh ! parbleu tu m'assommes,

Avec ce front glacé que tu portes ici.

TRASIMON.

Mais je ne prétens pas vous réjoüir aussi.
Vous avez sur les bras une fâcheuse affaire.

DAMIS.

Eh ! eh ! pas si fâcheuse.

TRASIMON.

Erminie & Valere,

Contre vous 'en ces lieux déclament hautement :
Vous avez parlé d'eux un peu legerement ;
Et même depuis peu le vieux Seigneur Horace
M'a prié ...   DAMIS.

              Voilà bien de quoi je m'embarrasse.
Horace est un vieux fou , plûtôt qu'un vieux Seigneur,
Tout chamarré d'orgüeil , pétri d'un faux honneur ,
Assez bas à la Cour , important à la Ville ,
Et non moins ignorant, qu'il veut paroître habile.
Pour Madame Erminie on sçait assez comment
Je l'ai prise & quittée un peu trop brusquement.
Quelle est aigre , Erminie, & quelle est tracassiere !
Pour son petit Amant mon cher Ami Valere ,
Tu le connois un peu ; parle ; as-tu jamais vû
Un esprit plus guindé , plus gauche , plus tortu...
A propos , on m'a dit hier en confidence ,
Que son grand Frere aîné , cet homme d'importance ,
Est reçû chez Clarice avec quelque faveur ,
Que la grosse Comtesse en creve de douleur.
Et toi , vieux Commandeur, comment va la tendresse ?

              TRASIMON.
Vous sçavez que le Sexe assez peu m'interresse.

DAMIS.

Je ne fuis pas de même, & le Sexe ma foi
A la Ville, à la Cour, me donne affez d'emploï,
Ecoute, il faut ici que mon cœur te confie
Un fecret dont dépend le bonheur de ma vie.

TRASIMON.

Puis-je võus y fervir ?

DAMIS.

Toi ? point du tout.

TRASIMON.

Eh bien,
Damis, s'il eft ainfi ne m'en dites donc rien.

DAMIS.

Le droit de l'amitié...

TRASIMON.

C'eft cette amitié même,
Qui me fait éviter avec un foin extrême
Le fardeau d'un fecret au hafard confié,
Qu'on me dit par foibleffe, & non par amitié :
Dont tout autre que moi feroit dépofitaire,
Qui de mille foupçons eft la fource ordinaire,

Et qui peut nous combler de honte & de dépit,
Moi d'en avoir trop sçû, vous d'en avoir trop dit.

DAMIS.

Malgré-toi, Commandeur, quoique tu puisses dire,
Pour te faire plaisir je veux du moins te lire
Le Billet qu'aujourd'hui...

TRASIMON.

Par quel empressement...

DAMIS.

Ah ! tu le trouveras écrit bien tendrement.

TRASIMON.

Puisque vous le voulez enfin...

DAMIS.

C'est l'amour-même
Ma foi qui l'a dicté. Tu verras comme on m'aime.
La main qui me l'écrit, le rend d'un prix...vois-tu...
Mais d'un prix... eh ! morbleu, je crois l'avoir perdu...
Je ne le trouve point... Holà, la Fleur, la Brie ?

SCENE IV.

DAMIS, TRASIMON, *plusieurs Laquais.*

Un Laquais.

Monseigneur ?

DAMIS.

Remontez vîte à la Gallerie,
Retournez chez tous ceux que j'ai vû ce matin :
Allez chez ce vieux Duc... ah ! je le trouve enfin.
Ces Marauds l'ont mis là par pure étourderie.

A ses Gens.

Laissez-nous. Commandeur, écoute, je te prie.

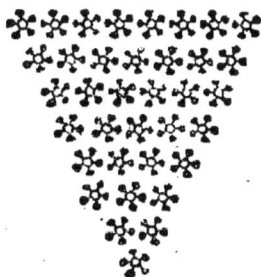

SCENE V.

SCENE V.

DAMIS, TRASIMON, CLITANDRE, PASQUIN.

CLITANDRE à *Pasquin*, *tenant un billet*
à la main.

Oui, tout le long du jour, demeure en ce Jardin ;
Observe tout ; voi tout ; redis-moi tout, Pasquin ;
Rends-moi compte, en un mot, de tous les pas d'Hor-
tense.

SCENE VI.

DAMIS, TRASIMON, CLITANDRE.

CLITANDRE.

Ah ! je sçaurai...

DAMIS.
Voici le Marquis qui s'avance.
Bonjour, Marquis.

B

CLITANDRE.

Bonjour.

DAMIS.

Qu'as-tu donc aujourd'hui ?
Sur ton front à longs-traits qui, diable, a peint l'ennui ?
Tout le monde m'aborde avec un air si morne,
Que je crois...

CLITANDRE, *bas.*

Ma douleur, hélas ! n'a point de borne.

DAMIS.

Que m'amortes-tu là ?

CLITANDRE *bas.*

Que je suis malheureux !

DAMIS.

C,a, pour vous égaïer, pour vous plaire à tous deux,
Le Marquis entendra le Billet de ma Belle.

CLITANDRE *bas, en regardant le Billet qu'il a entre les mains.*

Quel congé ! quelle lettre ! Hortense... ah ! la cruelle !

DAMIS *à Clitandre.*

C'est un Billet à faire expirer un Jaloux.

CLITANDRE.

Si vous êtes aimé, que votre sort est doux !

DAMIS.

Il le faut avoüer, les Femmes de la Ville
Ma foi ne sçavent point écrire de ce stile.

Il lit.

,, Enfin je cede aux feux dont mon cœur est épris ;
,, Je voulois le cacher ; mais j'aime à vous le dire.

,, Eh ! pourquoi ne vous point écrire,
,, Ce que cent fois mes yeux vous ont sans doute appris ?
,, Oui, mon cher Damis, je vous aime ,
,, D'autant plus que mon cœur peu propre à s'enflâmer ;
,, Craignant votre jeuneſſe , & se craignant lui-même,
,, A fait ce qu'il a pû pour ne vous point aimer.
,, Puiſſai-je , après l'aveu d'une telle foibleſſe ,
,, Ne me la jamais reprocher !
,, Plus je vous montre ma tendreſſe ,
,, Et plus à tous les yeux vous devez la cacher.

TRASIMON.

Vous prenez très-grand soin d'obéïr à la Dame,
Sans doute ; & vous brûlez d'une diſcrete flâme.

CLITANDRE.

Heureux , qui d'une femme adorant les appas ,
Reçoit de tels Billets , & ne les montre pas.

DAMIS.

Vous trouvez donc la Lettre...

TRASIMON.

Un peu forte.

CLITANDRE.

Adorable.

DAMIS.

Celle qui me l'écrit est cent fois plus aimable.
Que vous feriez charmez, si vous sçaviez son nom !
Mais dans ce monde il faut de la discrétion.

TRASIMON.

Oh ! nous n'éxigeons point de telle confidence.

CLITANDRE.

Damis, nous nous aimons ; mais c'est avec prudence.

TRASIMON.

Loin de vouloir ici vous forcer de parler...

DAMIS.

Non, je vous aime trop, pour rien dissimuler.
Je vois que vous pensez, & la Cour le publie,
Que je n'ai d'autre affaire ici qu'avec Julie.

CLITANDRE.

Il est vrai qu'on le dit.

DAMIS.

On a quelque raifon,
Mais vous auriez de moi méchante opinion,
Si je me contentois d'une feule Maîtreffe.
J'aurois trop à rougir de pareille foibleffe.
A Julie en public je parois attaché ;
Mais par ma foi j'en fuis très-foiblement touché.

TRASIMON.

Ou fort, ou foiblement, il ne m'importe guere.

DAMIS.

La Julie eft coquette, & paroît bien legere.
L'autre eft très differente ; & c'eft folidement
Que je l'aime.

CLITANDRE.

Enfin donc cet objet fi charmant...

DAMIS.

Vous m'y forcez, allons, il faut bien vous l'apprendre.
Regarde ce Portrait, mon cher ami Clitandre.
Ça, dis moi, fi jamais tu vis de tes deux yeux
Rien de plus adorable, & de plus gracieux.

B iij

C'eft Macé qui l'a peint, c'eft tout dire, & je penfe
Que tu reconnoîtras...

CLITANDRE.

Jufte Ciel ! c'eft Hortenfe ?

DAMIS.

Pourquoi t'en étonner ?

TRASIMON.

Vous oubliez, Monfieur,
Qu'Hortenfe eft ma Coufine, & chérit fon honneur :
Et qu'un pareil aveu...

DAMIS.

Vous nous la donnez bonne.
J'ai fix Coufines, moi, que je vous abandonne :
Et je vous les verrois lorgner, tromper, quitter,
Imprimer leurs Billets, fans m'en inquieter.
Il nous feroit beau voir, dans nos humeurs chagrines,
Prendre avec foin fur nous l'honneur de nos Coufines.
Nous aurions trop à faire à la Cour ; & ma foi,
C'eft affez que chacun réponde ici pour foi.

TRASIMON.

Mais Hortenfe, Monfieur...

DAMIS.

Eh bien, oui, je l'adore.
Elle n'aime que moi, je vous le dis encore :
Et je l'épouferai, pour vous faire enrager.

CLITANDRE, *à part.*

Ah ! plus cruellement pouvoit-on m'outrager ?

DAMIS.

Nos nôces, croïez-moi, ne feront point fecretes ;
Et vous n'en ferez pas, tout Coufin que vous êtes.

TRASIMON.

Adieu Monfieur Damis, on peut vous faire voir,
Que fur une Coufine on a quelque pouvoir.

SCENE VII.

DAMIS, CLITANDRE.

DAMIS.

Que je hais ce Cenfeur, & fon air pédantefque,
Et tous ces faux éclats de vertu romanefque !

B iiij

Qu'il eſt ſec ! qu'il eſt brute & qu'il eſt ennuïeux !
Mais tu vois ce Portrait d'un œil bien curieux.

CLITANDRE, *à part.*

Comme ici de moi-même il faut que je ſois maître !
Qu'il faut diſſimuler !

DAMIS.

Tu remarques peut-être

Qu'au coin de cette Boëte il manque un des Brillans ?
Mais tu ſçais que la Chaſſe hier dura long-temps.
A tout moment on tombe, on ſe heurte, on s'accroche.
J'avois quatre Portraits balottez dans ma poche.
Celui-ci par malheur fut un peu maltraité.
La Boëte s'eſt rompuë ; un Brillant a ſauté.
Parbleu, puiſque demain tu t'en vas à la Ville,
Paſſe un peu chez Rondet : il eſt cher, mais habile.
Choiſi, comme pour toi, l'un de ſes Diamans.
Je lui dois, entre nous, plus de vingt mille francs.
Adieu : ne montre au moins ce Portrait à perſonne.

CLITANDRE, *à part.*

Où ſuis-je ?

DAMIS.

Adieu, Marquis, à toi je m'abandonne.

Sois difcret.

CLITANDRE, *à part*.

Se peut-il ?...

DAMIS *revenant*.

J'aime un ami prudent.

Va, de tous mes fecrets tu feras confident.

Eh ! peut-on poffeder ce que le cœur defire,

Etre heureux, & n'avoir perfonne à qui le dire ?

Peut-on garder pour foi, comme un dépôt facré,

L'infipide plaifir d'un amour ignoré ?

C'eft n'avoir point d'amis qu'être fans confiance.

C'eft n'être point heureux que de l'être en filence.

Tu n'as vû qu'un Portrait, & qu'un feul Billet doux...

CLITANDRE.

Eh bien ?

DAMIS.

L'on m'a donné, mon cher, un rendez-vous.

CLITANDRE, *à part*.

Ah ! je frémis.

DAMIS.

Ce foir, pendant le Bal qu'on donne,

Je dois, fans être vû, ni fuivi de perfonne,

Entretenir Hortenfe ici, dans ce Jardin.

CLITANDRE, *feul.*

Voici le dernier coup. Ah! je fuccombe enfin.

DAMIS.

Là, n'es-tu pas charmé de ma bonne fortune?

CLITANDRE.

Hortenfe doit vous voir?

DAMIS.

        Oüi, mon cher, fur la brune.

Mais le Soleil qui baiffe, amene ces momens,

Ces momens fortunez, defirez fi long-temps.

Adieu. Je vais chez toi rajufter ma parure,

De deux livres de poudre orner ma chevelure,

De cent parfums exquis mêler la douce odeur:

Puis, paré, triomphant, tout plein de mon bonheur,

Je reviendrai foudain finir nôtre aventure.

Toi, rode près d'ici, Marquis, je t'en conjure.

Pour te faire un peu part de ces plaifirs fi doux,

Je te donne le foin d'écarter les Jaloux.

SCENE VIII.

CLITANDRE *seul.*

A Y-je affez retenu mon trouble & ma colere ?
 Hélas ! après un an de mon amour fincere,

Hortenfe en ma faveur enfin s'attendriffoit ;

Las de me réfifter , fon cœur s'amoliffoit.

Damis en un moment la voit , l'aime , & fçait plaire.

Ce que n'ont pû deux ans , un moment la fçû faire :

On le prévient. On donne à ce jeune éventé

Ce Portrait que ma flâme avoit tant merité.

Il reçoit une lettre... Ah ! celle qui l'envoïe

Par un pareil Billet m'eût fait mourir de joïe ;

Et pour combler l'affront , dont je fuis outragé ,

Ce matin par écrit j'ai reçû mon congé.

De cet écervelé la voilà donc coëffée !

Elle veut à mes yeux , lui fervir de trophée :

Hortenfe , ah ! que mon cœur vous connoiffoit bien

   mal !

SCENE IX.

CLITANDRE, PASQUIN.

CLITANDRE.

ENfin, mon cher Pafquin, j'ai trouvé mon Rival.

PASQUIN.

Hélas! Monfieur, tant pis.

CLITANDRE.

C'eft Damis que l'on aime;
Oüi, c'eft cet étourdi.

PASQUIN.

Qui vous l'a dit?

CLITANDRE.

Lui-même.
L'indifcret à mes yeux de trop d'orgüeil enflé,
Vient fe vanter à moi du bien qu'il m'a volé.
Voi ce Portrait, Pafquin. C'eft par vanité pure,
Qu'il confie à mes mains cette aimable peinture.

C'eſt pour mieux triompher, Hortenſe ! eh ! qui l'eût

    crû,

Que jamais près de vous Damis m'auroit perdu ?

PASQUIN.

Damis eſt bien joli.

CLITANDRE, *prenant Paſquin à la gorge.*

Comment ? tu pretends traître,

Qu'un jeune fat...

PASQUIN.

Aïc, ouf ! il eſt vrai que peut-être...

Eh ! ne m'étranglez pas. Il n'a que du caquet...

Mais ſon air... entre nous, c'eſt un vrai freluquet.

CLITANDRE.

Tout freluquet qu'il eſt, c'eſt lui qu'on me préfere.

Il faut montrer ici ton adreſſe ordinaire,

Paſquin : pendant le bal que l'on donne ce ſoir,

Hortenſe & mon Rival doivent ici ſe voir,

Conſole-moi, ſers-moi ; rompons cette partie,

PASQUIN.

Mais Monſieur...

CLITANDRE.

Ton eſprit eſt rempli d'induſtrie,

Tout eft à toi. Voilà de l'or à pleines mains.

D'un Rival imprudent, dérangeons les deſſeins.

Tandis qu'il va parer ſa petite perſonne,

Tâchons de lui voler les momens qu'on lui donne:

Puiſqu'il eſt indiſcret, il en faut profiter :

De ces lieux en un mot il le faut écarter.

PASQUIN.

Croïez-vous me charger d'une facile affaire ?

J'arrêterois, Monſieur, le cours d'une Riviere ;

Un Cerf dans une Plaine, un Oiſeau dans les Airs ;

Un Poëte entêté qui récite ſes Vers ;

Une Plaideuſe en feu, qui crie à l'injuſtice,

Un Manceau tonſuré, qui court un Bénéfice,

La tempête, le vent, le tonnerre, & ſes coups,

Plûtôt qu'un petit Maître allant en rendez-vous.

CLITANDRE.

Veux-tu m'abandonner à ma douleur extrême ?

PASQUIN.

Attendez. Il me vient en tête un ſtratagême.

Hortenſe ni Damis ne m'ont jamais vû ?

CLITANDRE.

Non.

PASQUIN.

Vous avez en vos mains un sien Portrait ?

CLITANDRE.

Oüi.

PASQUIN.

Bon.

Vous avez un Billet , que vous écrit la Belle ?

CLITANDRE.

Hélas ! il est trop vrai.

PASQUIN.

Cette lettre cruelle
Est un ordre bien net de ne lui parler plus ?

CLITANDRE.

Eh ! oüi , je le sçai bien.

PASQUIN.

La lettre est sans dessus ?

CLITANDRE.

Eh ! oüi , boureau.

PASQUIN.

Prêtez vîte & Portrait & Lettre ;
Donnez.

CLITANDRE.

En d'autres mains, qui, moi, j'irois remettre
Un Portrait confié ?...

PASQUIN.

Voilà bien des façons :
Le scrupule est plaisant. Donnez-moi ces chiffons.

CLITANDRE.

Mais...

PASQUIN.

Mais reposez-vous de tout sur ma prudence.

CLITANDRE.

Tu veux...

PASQUIN.

Eh ! dénichez. Voici Madame Hortense.

SCENE X.

SCENE X.

HORTENSE, NERINE.

HORTENSE.

NErine, j'en conviens, Clitandre eſt vertueux.
Je connois la conſtance, & l'ardeur de ſes feux.
Il eſt ſage, diſcret, honnête homme, ſincere,
Je le dois eſtimer ; mais Damis ſçait me plaire.
Je ſens trop aux tranſports de mon cœur combatu ;
Que l'amour n'eſt jamais le prix de la vertu.
C'eſt par les agrémens que l'on touche une femme ;
Et pour une de nous, que l'amour prend par l'ame ;
Nerine, il en eſt cent, qu'il ſéduit par les yeux.
J'en rougis. Mais Damis ne vient point en ces lieux.

NERINE.

Quelle vivacité ! quoi ! cette humeur ſi fiere ? ...

HORTENSE.

Non, je ne devois pas arriver la premiere.

C

NERINE.

Au premier rendez-vous, vous avez du dépit.

HORTENSE.

Damis trop fortement occupe mon efprit.
Sa mere, ce jour même, a fçû par fa vifite
De fon Fils dans mon cœur augmenter le mérite.
Je vois bien qu'elle veut avancer le moment,
Où je dois pour époux, accepter mon amant.
Mais je veux en fecret lui parler à lui-même,
Sonder fes fentimens.

NERINE.

Doutez-vous qu'il vous aime?

HORTENSE.

Il m'aime, je le croi, je le fçai. Mais je veux
Mille fois de fa bouche entendre fes aveux,
Voir s'il eft en effet fi digne de me plaire,
Connoître fon efprit, fon cœur, fon caractere,
Ne point ceder, Nerine, à ma prévention,
Et juger, fi je puis, de lui fans paffion.

SCENE XI.

HORTENSE, NERINE, PASQUIN.

PASQUIN.

MAdame, en grand secret, Monsieur Damis mon
Maître ...

HORTENSE.

Quoi ! ne viendroit-il pas ?

PASQUIN.

Non.

NERINE.

Ah ! le petit traître !

HORTENSE.

Il ne viendra point ?

PASQUIN.

Non. Mais par bon procedé,

Il vous rend ce Portrait, dont il est excedé.

HORTENSE.

Mon Portrait !

PASQUIN.

Reprenez vîte la mignature.

HORTENSE.

Je doute si je veille.

PASQUIN.

Allons, je vous conjure,

Dépêchez-moi, j'ai hâte : & de sa part, ce soir,

J'ai deux Portraits à rendre, & deux à recevoir.

Jusqu'au revoir. Adieu.

HORTENSE.

Ciel ! quelle perfidie !

J'en mourrai de douleur.

PASQUIN.

De plus, il vous supplie

De finir la lorgnade, & chercher aujourd'hui,

Avec vos airs pincez, d'autres dupes que lui.

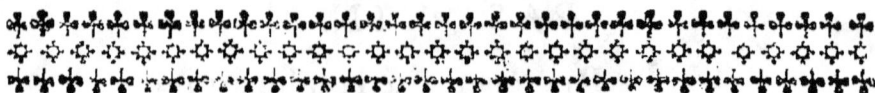

SCENE XII.

HORTENSE, NERINE, DAMIS, PASQUIN.

DAMIS, *dans le fonds du Théatre.*

JE verrai dans ce lieu la beauté qui m'engage.

PASQUIN.

C'eſt Damis. Je ſuis pris. Ne perdons point courage.

Vous voïez , Monſeigneur, un des Griſons ſecrets ,

Qui d'Hortenſe par tout va portant les Poulets.

J'ai certain Billet doux de ſa part à vous rendre.

HORTENSE.

Quel changement ! quel prix de l'amour le plus tendre !

DAMIS.

Liſons.

Il lit.

Hom...hom...hom...

„Vous méritiez de me charmer.

„ Je ſens à vos vertus ce que je dois d'eſtime ;

„ Mais je ne ſçaurois vous aimer.

Eſt-il un trait plus noir , & plus abominable ?

Je ne me croïois pas à ce point eſtimable.

Je veux que tout ceci ſoit public à la Cour ;

Et j'en informerai le monde dès ce jour.

La choſe aſſûrément vaut bien qu'on la publie.

HORTENSE.

Non , je ne ſçaurois croire une telle infamie.

Je veux m'en expliquer. Je veux voir de quel front

Il pourra...

PASQUIN, *à Hortenſe.*

Voulez-vous eſſuïer un affront ?

Les femmes à preſent ſont ſi peu reſpectées ;

Hélas ! ſi vous ſçaviez comme elles ſont traitées

Par mon Maître ...

à Damis.

Eh ! Monſieur, où Diable courez-vous ?

DAMIS.

Je prétends lui parler de ce beau Billet doux ,

Voir un peu ...

PASQUIN, *à Damis.*

Gardez-vous d'une telle ſottiſe.

On vient à bout d'Hortenſe , alors qu'on la mépriſe.

Sortez.

à Hortenfe.

Fuïez , Madame.

à Damis.

Eloignez-vous d'ici.

à Hortenfe.

Allez-vous-en , vous dis-je. A quoi bon tout ceci ?

à Damis.

Fuïez-la ; dès demain vous ferez couru d'elle.

DAMIS.

Voilà donc ce Billet , que m'écrit la Donzelle ?
Tenez ; c'eft là le cas qu'on fait de tels écrits.

Il déchire le Billet.

PASQUIN, *à Hortenfe.*

Je fuis honteux pour vous d'un fi cruel mépris.
Madame , vous voïez de quel air il déchire
Les Billets qu'à l'ingrat vous daignâtes écrire.

HORTENSE.

Il me rend un Portrait ! Ah ! périffe à jamais
Ce malheureux craïon de mes foibles attraits.

Elle jette fon Portrait.

C iiij

PASQUIN, *à Damis.*

Vous voïez ; devant vous l'ingrate met en pieces
Vôtre Portrait , Monsieur.

DAMIS.

Il est quelques Maîtresses ,
Par qui l'original est un peu mieux reçû.

HORTENSE.

Nerine , quel amour mon cœur avoit conçû !

à Pasquin.

Prends ma bourse. Dis-moi, pour qui je suis trahie,
A quel heureux objet Damis me sacrifie.

PASQUIN.

A cinq ou six Beautez , dont il se dit l'amant ,
Qu'il sert toutes bien mal , qu'il trompe également ;
Mais sur tout , à la jeune , à la belle Julie.

DAMIS, *à Pasquin.*

Prends ma bague ; & dis-moi , mais sans friponnerie ,
A quel impertinent , à quel fat de la Cour ,
Ta Maîtresse aujourd'hui prodigue son amour.

PASQUIN.

Vous méritiez , ma foi , d'avoir la préférence.
Mais un certain Abbé lorgne de près Hortense :

Et chez elle , de nuit , par le mur du Jardin ,
Je fais entrer par fois Trafimon fon Coufin.

DAMIS.

Parbleu , j'en fuis ravi. J'en apprends-là de belles ;
Et je veux en chanfons mettre un peu ces nouvelles.

HORTENSE.

C'eft le comble, Nerine , au malheur de mes feux ,
De voir que tout ceci va faire un bruit affreux.
Allons ; loin de l'ingrat , je vais cacher mes larmes.

DAMIS.

Allons ; je vais au Bal montrer un peu mes charmes.

PASQUIN, *à Hortenfe.*

Vous n'avez rien , Madame , à defirer de moi ?

à Damis.

Vous n'avez nul befoin de mon petit emploi ?
Le Ciel vous tienne en paix.

SCENE XIII.

HORTENSE, DAMIS, NERINE.

HORTENSE *revenant.*

D Où vient que je demeure?

DAMIS.

Je devrois être au Bal, & danser à cette heure.

HORTENSE.

Il rêve. Hélas ! d'Hortense il n'est point occupé.

DAMIS.

Elle me lorgne encor, ou je suis fort trompé.
Il faut que je m'approche.

HORTENSE.

Il faut que je le fuïe.

DAMIS.

Fuïr, & me regarder ! Ah ! quelle perfidie !
Arrêtez. A ce point pouvez-vous me trahir ?

HORTENSE.

Laissez-moi m'efforcer, cruel, à vous haïr.

DAMIS.

Ah ! l'effort n'est pas grand , grace à vos caprices.

HORTENSE.

Je le veux , je le dois , grace à vos injustices.

DAMIS.

Ainsi , du rendez-vous prompt à nous en aller ,
Nous n'étions donc venus que pour nous quereller ?

HORTENSE.

Que ce discours , ô Ciel ! est plein de perfidie ,
Alors que l'on m'outrage , & qu'on aime Julie !

DAMIS.

Mais l'indigne Billet que de vous j'ai reçû ?

HORTENSE.

Mais mon Portrait enfin que vous m'avez rendu ?

DAMIS.

Moi ? je vous ai rendu vôtre Portrait , cruelle ?

HORTENSE.

Moi , j'aurois pû jamais vous écrire , infidele ,
Un Billet , un seul mot , qui ne fut point d'amour ?

DAMIS.

Je consens de quitter le Roi , toute la Cour ,

La faveur où je fuis, les poftes que j'efpere,

N'être jamais de rien, ceffer par tout de plaire,

S'il eft vrai qu'aujourd'hui je vous ai renvoïé

Ce Portrait, à mes mains par l'amour confié.

HORTENSE.

Je fais plus. Je confens de n'être point aimée

De l'amant, dont mon ame eft malgré-moi charmée;

S'il a reçû de moi ce Billet prétendu.

Mais voilà le Portrait, ingrat, qui m'eft rendu;

Ce prix trop méprifé d'une amitié trop tendre,

Le voilà. Pouvez-vous ?...

DAMIS.

Ah ! j'apperçois Clitandre.

SCENE XIV.

HORTENSE, DAMIS, CLITANDRE,
NERINE, PASQUIN.

DAMIS.

Viens-ça, Marquis, viens-ça. Pourquoi fuis-tu d'ici?

Madame, il peut d'un mot débroüiller tout ceci.

HORTENSE.

Quoi ! Clitandre ſçauroit ?...

DAMIS.

Ne craignez rien , Madame :
C'eſt un ami prudent , à qui j'ouvre mon ame :
Il eſt mon confident, qu'il ſoit le vôtre auſſi.
Il faut...

HORTENSE.

Sortons , Nerine : ô Ciel ! quel étourdi !

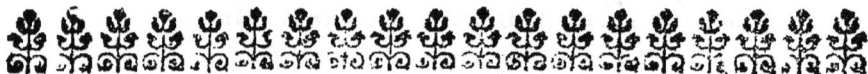

SCENE XV.

DAMIS, CLITANDRE, PASQUIN.

DAMIS.

AH ! Marquis, je reſſens la douleur la plus vive.
Il faut que je te parle ,... il faut que je la ſuive.
Attends-moi.

à Hortenſe.

Demeurez... Ah ! je ſuivrai vos pas.

SCENE XVI.

CLITANDRE, PASQUIN.

CLITANDRE.

JE fuis, je l'avouërai, dans un grand embarras.
Je les croïois tous deux broüillez fur ta parole.

PASQUIN.

Je le croïois auffi. J'ai bien joüé mon rôle.

Ils fe devroient haïr tous deux, affûrément :

Mais pour fe pardonner, il ne faut qu'un moment.

CLITANDRE.

Voïons un peu tous deux le chemin qu'ils vont prendre.

PASQUIN.

Vers fon appartement Hortenfe va fe rendre.

CLITANDRE.

Damis marche après elle : Hortenfe au moins le fuit.

PASQUIN.

Elle fuit foiblement ; & fon amant la fuit.

CLITANDRE.

Damis en vain lui parle : on détourne la tête.

PASQUIN.

Il eſt vrai ; mais Damis de temps en temps l'arrête.

CLITANDRE.

Il ſe met à genoux ; il reçoit des mépris.

PASQUIN.

Ah ! vous êtes perdu, l'on regarde Damis.

CLITANDRE.

Hortenſe entre chez elle enfin, & le renvoïe.
Je ſens des mouvemens de chagrin, & de joie,
D'eſperance, & de crainte ; & ne puis deviner
Où cette intrigue-ci pourra ſe terminer.

SCENE XVII.

CLITANDRE, DAMIS, PASQUIN.
DAMIS.

AH ! Marquis, cher Marquis, parle ; d'où vient
qu'Hortenſe

M'ordonnne en grand ſecret d'éviter ſa préſence ?

D'où vient que son Portrait, que je fie à ta foi,

Se trouve entre ses mains ? Parle, répons, dis-moi.

CLITANDRE.

Vous m'embarraffez fort.

DAMIS, *à Pasquin.*

Et vous, Monsieur le traître,

Vous le Valet d'Hortense, où qui prétendez l'être,

Il faut que vous mouriez en ce lieu de ma main.

PASQUIN, *à Clitandre.*

Monsieur, protegez-nous.

CLITANDRE *à Damis.*

Eh ! Monsieur ...

DAMIS.

C'est en vain...

CLITANDRE.

Epargnez ce Valet, c'est moi qui vous en prie.

DAMIS.

Quel si grand interêt peux-tu prendre à sa vie ?

CLITANDRE.

Je vous en prie encor, & serieusement.

DAMIS.

Par amitié pour toi, je differe un moment.

C₂a,

Ça, maraut, apprends-moi la noirceur effroïable...

PASQUIN.

Ah! Monfieur, cette affaire eft embroüillée en diable.

Mais je vous apprendrai de furprenans fecrets,

Si vous me promettez de n'en parler jamais.

DAMIS.

Non, je ne promets rien ; & je veux tout apprendre.

PASQUIN.

Monfieur, Hortenfe arrive & pourroit nous entendre.

à Clitandre.

Ah! Monfieur, que dirai-je, hélas! je fuis à bout.

Allons tout trois au bal, & je vous dirai tout.

SCENE XVIII.

HORTENSE, *un mafque à la main, & en domino,*

TRASIMON, NERINE.

TRASIMON.

Oui, croïez, ma Coufine, & faites votre compte,

Que ce jeune éventé nous couvrira de honte.

D

Comment ? montrer par tout , & Lettres & Portrait ?

En public ? à moi-même ? après un pareil trait

.Je prétends de ma main lui brûler la cervelle.

HORTENSE à *Nerine.*

Eſt-il vrai que Julie à ſes yeux ſoit ſi belle ,

Qu'il en ſoit amoureux ?

TRASIMON.

Il importe fort peu.

.Mais qu'il vous déshonore , il m'importe morbleu ,

Et je ſçai l'interêt qu'un parent doit y prendre.

HORTENSE , à *Nerine.*

Crois-tu que pour Julie il ait eû le cœur tendre ?

Qu'en penſes-tu ? dis-moi.

NERINE.

Mais l'on peut aujourd'hui

Aiſément , ſi l'on veut , ſçavoir cela de lui.

HORTENSE.

Son indiſcrétion , Nerine , fut extrême.

Je devrois le haïr ; peut-être que je l'aime.

Tout-à-l'heure , en pleurant , il juroit devant toi

Qu'il m'aimeroit toûjours , & ſans parler de moi ,

Qu'il vouloit m'adorer, & qu'il sçauroit se taire.

TRASIMON.

Il vous a promis-là bien plus qu'il ne peut faire.

HORTENSE.

Pour la derniere fois, je le veux éprouver.

Nerine, il est au bal ; il faut l'aller trouver.

Déguise-toi. Dis-lui qu'avec impatience

Julie ici l'attend dans l'ombre & le silence.

L'artifice est permis sous ce masque trompeur ;

Qui, du moins de mon front cachera la rougeur,

Je paroîtrai Julie aux yeux de l'infidele.

Je sçaurai ce qu'il pense ; & de moi-même ; & d'elle.

C'est de cet entretien que dépendra mon choix.

à Trasimon.

Ne vous écartez point. Restez près de ce Bois.

Tâchez auprès de vous de retenir Clitandre.

L'un & l'autre en ces lieux daignez un peu m'attendre.

Je vous appellerai, quand il en sera temps.

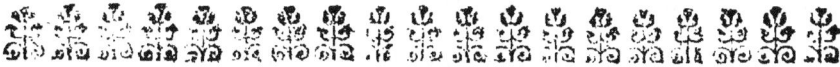

SCENE XIX.

HORTENSE *seule en domino, & son masque*
à la main.

IL faut fixer enfin mes vœux trop inconstans.
Sçachons, sous cet habit à ses yeux travestie,
Sous ce masque, & sur-tout sous le nom de Julie,
Si l'indiscrétion de ce jeune éventé
Fut un excès d'amour, ou bien de vanité,
Si je dois le haïr, ou lui donner sa grace :
Mais déja je le vois.

SCENE XX.

HORTENSE, *en domino, & masquée.*

DAMIS.

DAMIS, *sans voir Hortense.*

C'Est donc ici la place,

Où toutes les Beautez donnent leur rendez-vous ?

Ma foi, je suis assez à la mode, entre nous.

Oüi, la mode fait tout, décide tout en France,

Elle regle les rangs, l'honneur, la bienséance.

Le mérite, l'esprit, les plaisirs.

HORTENSE, *à part.*

L'étourdi.

DAMIS.

Ah ! si pour mon bonheur on peut sçavoir ceci,

Je veux qu'avant deux ans la Cour n'ait point de Belle,

A qui l'amour pour moi ne tourne la cervelle.

Il ne s'agit ici que de bien débuter.

Bien-tôt Æglé, Doris ... Mais qui les peut compter ?,

Quels plaisirs ! quelle file ! ...

HORTENSE, *à part.*

Ah ! la tête legere !

DAMIS.

Ah ! Julie, est-ce vous ? vous, qui m'êtes si chere !

Je vous connois, malgré ce masque trop jaloux ;

Et mon cœur amoureux m'avertit que c'est vous.

Otez, Julie, ôtez, ce masque impitoïable.

Non, ne me cachez point ce visage adorable.

D iij

Ce front, ces doux regards, cet aimable souris,

Qui de mon tendre amour font la cause, & le prix.

Vous êtes en ces lieux la seule que j'adore.

HORTENSE.

Non ; de vous mon humeur n'est pas connuë encore.

Je ne voudrois jamais accepter votre foi,

Si vous aviez un cœur, qui n'eût aimé que moi.

Je veux que mon Amant soit bien plus à la mode,

Que de ses rendez-vous le nombre l'incommode,

Que par trente Grisons tous ses pas soient comptez ;

Que mon amour vainqueur l'arrache à cent Beautez,

Qu'il me fasse sur-tout de brillans sacrifices.

Sans cela, je ne puis accepter ses services.

Un Amant moins couru ne me sçauroit flatter.

DAMIS.

Oh ! j'ai sur ce pied-là de quoi vous contenter.

J'ai fait en peu de temps d'assez belles conquêtes.

Je pourrois me vanter de fortunes honnêtes :

Et nous sommes courus de plus d'une Beauté,

Qui pourroient de tout autre enfler la vanité.

Nous en citerions bien qui font les difficiles,

Et qui font avec nous passablement faciles.

HORTENSE.

Mais encor?

DAMIS.

Eh !...ma foi , vous n'avez qu'à parler ,
Et je suis prêt , Julie , à vous tout immoler.
Voulez-vous qu'à jamais mon cœur vous sacrifie ,
La petite Isabelle , & la vive Erminie ,
Clarice , Æglé , Doris ?...

HORTENSE.

Quelle offrande est cela ?
On m'offre tous les jours ces sacrifices-là.
Ces Dames entre nous , sont trop souvent quittées.
Nommez-moi des Beautez , qui soient plus respectées,
Et dont je puisse au moins triompher sans rougir.
Ah ! si vous aviez pû forcer à vous cherir
Quelque femme , à l'amour jusqu'alors insensible ,
Aux manéges de Cour toûjours inaccessible ,
De qui la bienséance accompagna les pas ,
Qui sage en sa conduite , évitât les éclats ,
Enfin qui pour vous seul eût eû quelque foiblesse !

DAMIS, s'asseïant auprès d'Hortense.

Ecoutez. Entre nous , j'ai certaine Maîtresse ,

D iiij

A qui ce Portrait-là reſſemble trait pour trait.
Mais vous m'accuſeriez d'être trop indiſcret.

HORTENSE.

Point , point.

DAMIS.

Si je n'avois quelque peu de de prudence,
Si je voulois parler , je nommerois Hortenſe.
Pourquoi donc à ce nom , vous éloigner de moi ?
Je n'aime point Hortenſe , alors que je vous voi.
Elle n'eſt près de vous ni touchante ni belle.
De plus certain Abbé fréquente trop chez elle ;
Et de nuit, entre nous , Traſimon ſon Couſin
Paſſe un peu trop ſouvent par le mur du Jardin.

HORTENSE.

A l'indiſcretion joindre la calomnie !
Contraignons-nous encor. Ecoutez, je vous prie.
Comment avec Hortenſe êtes-vous, s'il vous plaît ?

DAMIS.

Du dernier bien : je dis la choſe comme elle eſt.

HORTENSE, *à part.*

Peut-on plus loin pousser l'audace & l'imposture ?

DAMIS.

Non, je ne vous ments point, c'est la verité pure.

HORTENSE *à part.*

Le traître !

DAMIS.

Eh ! sur cela quel est votre souci ?
Pour parler d'elle enfin sommes-nous donc ici ?
Daignez, daignez plûtôt . . .

HORTENSE.

Non, je ne sçaurois croire
Qu'elle vous ait cedé cette entiere victoire.

DAMIS.

Je vous dis que j'en ai la preuve par écrit.

HORTENSE.

Je n'en crois rien du tout.

DAMIS.

Vous m'outrez de dépit.

HORTENSE.

Je veux voir par mes yeux.

DAMIS.

C'eſt trop me faire injure.

Il lui donne la Lettre.

Tenez donc : vous pouvez connoître l'écriture.

HORTENSE, *ſe démaſquant.*

Oüi je la connois , traître ; & je connois ton cœur.

J'ai réparé ma faute enfin , & mon bonheur

M'a rendu pour jamais le Portrait & la Lettre ,

Qu'à ces indignes mains j'avois oſé commettre.

Il eſt temps ; Traſimon , Clitandre , montrez-vous.

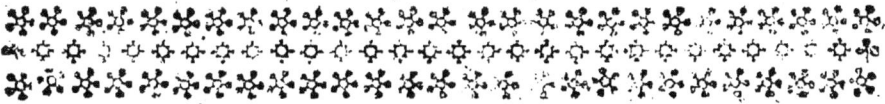

SCENE DERNIERE.

HORTENSE, DAMIS, TRASIMON,

CLITANDRE.

HORTENSE, *à Clitandre.*

SI je ne vous ſuis point un objet de couroux ,

Si vous m'aimez encor , à vos loix aſſervie ,

Je vous offre ma main , ma fortune , & ma vie.

CLITANDRE.

Ah ! Madame „à vos pieds un malheureux amant
Devroit mourir de joie & de faisissement.

TRASIMON, *à Damis.*

Je vous l'avois bien dit que je la rendrois sage.
C'est moi seul, Mons Damis, qui fais ce mariage.
Adieu, possedez mieux l'art de dissimuler.

DAMIS.

Juste Ciel ! désormais à qui peut-on parler ?

FIN.

APPROBATION.

J'AY lû par l'Ordre de Monseigneur le Garde des Sceaux, L'INDISCRET, Comedie, par M. de Voltaire : Cette Piece où regne un comique noble & épuré, qui instruit en amusant, m'a parû très-digne de l'Impression. Ce 3. Septembre 1725.

SECOUSSE.

De l'Imprimerie de SEVESTRE, Pont S. Michel.

PRIVILEGE DU ROY.

LOUIS, par la grace de Dieu, Roi de France & de Navarre: a nos Amez & feaux Conseillers les Gens tenans nos Cours de Parlement , Maîtres des Requêtes ordinaires de nôtre Hôtel , Grand-Conseil , Prevôt de Paris , Baillifs , Sénéchaux , leurs Lieutenans Civils , & autres nos Justiciers qu'il appartiendra ; SALUT : Nôtre bien amé le Sieur AROÜET DE VOLTAIRE, Nous aïant fait remontrer qu'il souhaiteroit faire imprimer & donner au Public un Ouvrage de sa composition , & qui a pour titre L'Indiscret , Comedie. Mais comme ces Ouvrages sont reçûs avec applaudissemens , & qu'il craint que quelques Personnes ne s'avisassent de vouloir les lui contrefaire , & joüir du fruit de ses travaux : il nous auroit en consequence fait supplier de vouloir lui accorder nos Lettres de Privilege sur ce necessaires : offrant pour cet effet de le faire imprimer en bon Papier & en beaux Caracteres , suivant la feüille imprimée & attachée pour modele , sous le contre scel des Presentes. A CES CAUSES voulant traiter favorablement ledit Exposant : Nous lui avons permis & permettons par ces Presentes de faire imprimer ledit Livre , cy-dessus specifié , en un ou plusieurs volumes , conjointement ou séparément & autant de fois que bon lui semblera , sur Papier & Caracteres conformes à ladite feüille imprimée & attachée pour modele , sous le contre-scel desdites Presentes , & de le vendre , faire vendre & débiter par tout nôtre Roïaume pendant le temps de S i x Années consecutives, à compter du jour de la date desdites Presentes : F a i s o n s défenses à toutes sortes de Personnes, de quelque qualité & condition qu'elles soient d'en introduire d'impression étrangere dans aucun lieu de nôtre obéïssance : comme aussi à tous Imprimeurs, Libraires & autres, d'imprimer, faire imprimer, vendre, faire vendre, débiter, ni contrefaire ledit Livre en tout ni en partie, ni d'en faire aucuns extraits sous quelque pretexte que ce soit, d'augmentation, correction, changement de Titre ou autrement, sans la permission expresse & par écrit dudit Exposant, ou de ceux qui auront droit de lui, à peine de confiscation des exemplaires contrefaits, de quinze cens livres d'amende contre chacun des Contrevenans, dont un tiers à Nous, un tiers à l'Hôtel-Dieu de Paris, l'autre tiers audit Exposant, & de tous dépens, dommages & interests : A la charge que ces Presentes feront enregîtrées tout au long sur le Regître de la Communauté des Imprimeurs & Libraires de Paris, & ce dàns trois mois de la datte d'icelle : Que l'impression dudit Livre sera faite dans nôtre Roïaume & non ailleurs, & que l'impétrant se conformera aux Reglemens de la Librairie, & notamment à celui du dix Avril mil sept cens vingt cinq ; & qu'avant que de l'exposer en vente, le Manuscrit ou imprimé qui aura servi de Copie à l'Impression dudit Livre, sera remis dans le même érat où l'Approbation y aura été donnée ès mains de nôtre tres-cher & féal Chevalier, Garde des Sceaux de France le Sieur F l e u r i a u d'A r m e n o n v i l l e, Commandeur de nos Ordres ; & qu'il en sera ensuite remis deux Exemplaires dans nôtre Bibliotheque publique, un dans celle de nôtre Châ-

teau du Louvre, & un dans celle de nôtre tres-cher
& féal Chevalier, Garde des Sceaux de France, le
Sieur Fleuriau d'Arménonville, Commandeur de
nos Ordres ; le tout à peine de nullité des Presentes:
Du contenu desquelles vous mandons & enjoignons
de faire joüir l'Exposant ou ses ayans cause pleine-
ment & paisiblement, sans souffrir qu'il leur soit
fait aucun trouble ou empêchement: VOULONS que
la Copie desdites Presentes qui sera imprimée tout
au long au commenc-ment ou à la fin dudit Livre, soit tenuë pour dûëment signifiée, & qu'aux Co-
pies collationnées par l'un de nos Amez & feaux Conseillers & Secretaires, foi soit ajoûtée comme à l'Original : COMMANDONS au premier nôtre Huissier ou
Sergent de faire pour l'execution d'icelles tous Actes
requis & necessaires, sans demander autre permission,
& nonobstant clameur de Haro, Charte Normande
& Lettres à ce contraires. CAR TEL EST NOTRE
PLAISIR. DONNE' à Fontainebleau le seiziéme
jour du mois de Septembre l'An de grace mil sept cent
vingt-cinq, & de nôtre Regne le onziéme.

PAR LE ROY EN SON CONSEIL;

DE S. HILAIRE.

Regîtré ensemble la Cession sur le Regître V I. de la Cham-
bre Royale & Syndicale des Imprimeurs & Libraires de
Paris, N°. 278. Fol. 226. conformément aux anciens Re-
glemens, confirmez par celui du 28. Fevrier 1723. A Pa-
ris le 18. Septembre mil sept cent vingt-cinq.

Signé, BRUNET *,* Syndic.